Relaciones Tóxicas

Cómo Identificar y Escapar de las Relaciones Tóxicas, Peligrosas y Dañinas

John S. Roberts

RELACIONES TÓXICAS

La información contenida en este documento se ofrece únicamente con fines informativos, y es universal como tal. La presentación de la información se realiza sin contrato y sin ningún tipo de garantía endosada.

El uso de marcas comerciales en este documento carece de consentimiento, y la publicación de la marca comercial no tiene ni el permiso ni el respaldo del propietario de la misma. Todas las marcas comerciales dentro de este libro se usan solo para fines de aclaración y pertenecen a sus propietarios, quienes no están relacionados con este documento.

TABLA DE CONTENIDO

INTRODUCCIÓN

Quiero agradecerte y felicitarte por dar el primer y más importante paso hacia una vida más plena, más satisfactoria, y llena de relaciones positivas.

Este audiolibro contiene pasos y estrategias probadas para reconocer las diversas señales de una relación tóxica y para cortarlas con éxito desde la raíz. Las relaciones de las que resulta más difícil salir son a menudo las más disfuncionales. La vida tiene un plan más grande para ti; un plan que incluye felicidad, salud, y estabilidad. Siéntete libre de usar esta guía como coach, terapeuta y amiga.

Gracias de nuevo por tomar medidas para reconocer y eliminar los patrones tóxicos de las personas que te rodean.

¡Esperamos que disfrutes el viaje hacia una vida más saludable y pacífica!

Capítulo 1: ¿Qué es una relación tóxica?

Los seres humanos estamos hechos para relacionarnos. Todos nosotros anhelamos una conexión con una persona especial. Por otro lado, la noción de "tóxico" remite a algo venenoso o dañino, y cuando estás en una relación tóxica, tu autoestima y vida es lo que se ve dañada y envenenada.

Una relación tóxica es por definición una relación que se caracteriza por un comportamiento por parte de una pareja tóxica, que puede ser emocional y físicamente dañino para la otra persona. Las relaciones tóxicas no solo existen entre parejas, sino también entre compañeros de trabajo, amigos y familiares.

La mayoría de las relaciones humanas comienzan con emoción, esperanza, anticipación y optimismo. La idea de que dos personas se enamoren y construyan una vida juntos puede ser estimulante, pero todo esto cambia cuando la relación que se construye es nociva.

Las expectativas y necesidades de una o ambas partes están sujetas a cambios durante el curso de una relación. Cuando la gente se aferra a expectativas poco realistas, pueden ser incapaces de identificar los cambios tóxicos en su relación.

Las señales de una relación tóxica no siempre son fáciles de detectar. Aunque la violencia física y la infidelidad pueden ser señales fáciles de ver, hay otras más sutiles que la mayoría de las personas involucradas en tales relaciones tienden a pasar por alto.

¿Sientes que estás perdiendo tu paz mental o incluso tu identidad en una relación?

A lo mejor no te has dado cuenta, pero puedes estar en medio de una relación que es tóxica para tu autoestima y tu salud. El triste hecho es que ni siquiera eres consciente de que estás en una relación dañina.

¿Estás en una relación en la que te sientes cansado y estresado en lugar de feliz? Puede que sin saberlo estés atrapado en una relación que te hace enojar, sentirte deprimido, triste, y que te deja tan agotado que no sientes la fuerza para salir de ella.

Las relaciones tóxicas vienen en distintos matices. Las personas tóxicas están por todas partes y a veces pueden estar en nuestras relaciones sí de pareja, pero también en nuestra familia y amigos.

Al estar en una relación tóxica, tal vez parezca que no puedes hacer nada bien. Cuando te menosprecian constantemente, empiezas a creer que no eres apto.

Te sientes avergonzado de ti mismo. Aunque te sientes inestable e incómodo, te falta la confianza y la voluntad para salir de una relación que sabes que no es buena para ti.

El comportamiento tóxico es una forma poderosa de manipulación en la que las personas cercanas a nosotros manipulan nuestros sentimientos directa o indirectamente. Estas personas saben cuánto valoramos nuestra relación con ellos y utilizan nuestras vulnerabilidades para dar forma a sus amenazas.

¿Cómo es que muchas personas capaces e inteligentes son víctimas de estos comportamientos tóxicos? Una de las principales razones es que la persona tóxica hace realmente difícil ver que te está manipulando. La manipulación es tan opaca que uno apenas nota lo que está sucediendo.

Cuestionario para identificar las relaciones tóxicas

- ¿Te sientes con energía o agotado después de pasar tiempo con tu ser querido?

- ¿Sientes constantemente lástima de ti mismo?

- ¿Te encuentras constantemente decepcionado del comportamiento de tu pareja?

- ¿En comparación con tu pareja, siempre estás dando más a la relación?

- ¿Es tu relación dolorosa y confusa?

- ¿Te sientes cómodo expresándote con tu pareja?

- ¿Tu pareja usa amenazas de fuerza o violencia para obligarte a hacer cosas que no quieres hacer?

- ¿Tu pareja te humilla en público y frente a tu familia y amigos?

- ¿Tienes miedo de tu pareja?

- ¿Te sientes intimidado en su presencia?

- ¿Tienes miedo de no estar de acuerdo con tu pareja?

- ¿Se te permite tomar alguna decisión en tu relación?

- ¿Eres capaz de expresar libremente tus pensamientos y sentimientos con tu pareja?

- ¿Te sientes solo en tu relación?

- ¿Sientes que eres menos inteligente y menos apto cuando estás cerca de esta persona?

- ¿Te sientes enojado e irritable después de interactuar con tu pareja?

- ¿Tu pareja te hace sentir repugnante?

- ¿Te sientes drenado de tu energía física y emocional en presencia de esta persona?

- ¿Te sientes confundido y tienes dificultad para concentrarte cuando estás con este individuo tóxico?

- ¿Experimentas cambios bruscos de humor al interactuar con este individuo?

Todos queremos sentirnos amados, felices y seguros en una relación, pero no siempre es así.

La mayoría de las veces las señales de alarma de una mala relación no son demasiado obvias, y no les prestamos atención. Esto es cometer un grave error.

Aunque cierto nivel de disputa y desacuerdo es bueno para toda relación, discutir constantemente es una señal de que algo está mal. Tales relaciones son negativas y nocivas. La negatividad puede afectar todos los aspectos de tu vida y también puede afectar tu salud.

La mayoría de las personas están cegadas ante la realidad de que están atrapadas en una relación tóxica. Incluso cuando se dan cuenta de esta realidad, se aferran a la relación con la esperanza de que la otra persona pueda cambiar su comportamiento para siempre.

Se aconseja confrontar la relación tóxica en lugar de tratar de negarla, ignorarla o evadirla.

Cuando te enfrentas a esta realidad, tendrás más oportunidad para hacer los cambios necesarios en tu estilo de vida y personalidad.

Cuando te aferras a una relación dañina, esta puede impedir tu crecimiento personal. Alejarse es una muestra de coraje y fuerza personal. Recuerda siempre que vales más que cualquier relación tóxica. Toma la decisión de informarte sobre los diferentes tipos de relaciones tóxicas y cómo estas pueden afectarte.

Muchas veces puede ser difícil saber si estás en una relación tóxica cuando has estado en ella por mucho tiempo. Antes de que empieces a culparte, necesitas recordar que tales relaciones existen y que las señales son a menudo tan sutiles que se te escapan por completo.

La confianza, la fuerza y el apoyo de tus seres queridos te permitirán salir de una relación tóxica.

Recuerda que debes hacer un esfuerzo después de identificar las señales de alarma. Puede ser difícil aceptar que la persona que amas tal vez no sea la adecuada para ti.

Señales que indican que estás en una relación tóxica

- **Peleas constantes:** Pelear es común en cualquier relación, pero si están peleando y discutiendo constantemente entre ustedes, se recomienda que examines más de cerca tu relación.

- **Sentirte drenado:** Si en lugar de sentirte feliz y contento te sientes física y emocionalmente drenado, esta puede ser una señal de que estás en una relación tóxica.

- **Constantemente infeliz:** ¿La persona en tu vida te hace constantemente infeliz?

Se supone que la vida al lado de un ser querido debe ser feliz, pero si te sientes infeliz y retraído, necesitas pensar seriamente en tu futuro con esta persona.

- **Abuso emocional:** ¿Tu pareja te menosprecia y te insulta con el propósito de sentirse mejor? Cuando estás siendo abusado emocionalmente, puedes perder tu confianza y autoestima.

- **Abuso físico:** Esto no debe ser aceptable bajo ninguna circunstancia. Esta es una señal segura de una relación nociva. En esta situación, un individuo está tratando de mantener a la otra persona bajo control intimidándola y usando la fuerza física como una herramienta para lograr lo que quiere.

- **Inseguridad:** ¿Te sientes seguro con tu pareja? Si siempre tienes miedo de lo que pueda decir o hacer, es posible que te sientas poco seguro en la relación.

- **El juego de la culpa:** Si tu pareja te culpa de todo y se niega a asumir la responsabilidad de sus acciones, es una señal de una relación negativa.

El aspecto más delicado de las relaciones tóxicas es que inician no siéndolo. Por lo general comienzan como excitantes y divertidas, y al poco tiempo se vuelven tóxicas. Como las señales son sutiles, no te das cuenta cuando las cosas empiezan a ir mal, y para el momento en que te percatas de ello, ya te estás sintiendo miserable.

La mayoría de las personas en una relación tóxica se encuentran en una situación en la que no quieren estar, pero desafortunadamente se ven atrapados en ella. Aunque no tengas poder sobre la situación, recuerda que lo que sí tienes es el control. Pase lo que pase, te mereces algo mejor.

Los individuos tóxicos son:

- Controladores y manipuladores

- Narcisistas y negativos

- Exigentes

- Extremadamente inseguros

- Abusivos

- Competitivos y exageradamente perfeccionistas

- Infieles y mentirosos

- Quejumbrosos y celosos

Independientemente de lo mucho que lo intentes, es posible que nunca seas capaz de mantener satisfecho a un individuo tóxico porque siempre encontrarán fallos en todo lo que hagas.

Necesitas entender que todo en la vida es acerca de ellos y nunca sobre ti. Terminas tan perdido y confundido, que te olvidas de que tienes una vida propia.

Si no estás seguro de estar en una relación tóxica, puedes optar por llevar un diario. Esto puede ayudarte a comprobar la realidad de la situación. El diario te permitirá recopilar evidencia sobre acciones y palabras que han causado un profundo enojo y resentimiento en ti.

Cuando estás en una relación tóxica, tu autoestima cae a nuevos niveles bajos. La situación se vuelve extremadamente mala cuando empiezas a culparte y odiarte por todo y te sientes abrumado por la culpa.

Deja de sentirte impotente: aún puedes cambiar una mala situación. Recuerda que siempre puedes controlar tus acciones y reacciones.

Sé honesto contigo mismo y acepta el hecho de que estás en una relación con un individuo tóxico. Una vez que reconozcas tu situación, podrás ahorrarte mucho dolor futuro.

Capítulo 2: Tipos de relaciones tóxicas

1.   Controladora

Una de las señales más obvias de una relación tóxica es cuando tu pareja siempre te está controlando, como si quisiera controlar cada uno de tus movimientos. A nadie le gusta que le digan qué hacer y cómo hacerlo todo el tiempo. Una persona que te ama de verdad nunca te pondrá una correa. Es como medir cada una de las cosas que dices y haces.

¿Cuándo fue la última vez que tomaste una decisión por tu cuenta? El control no tiene que ser físicamente violento o amenazante.

Puede que tengas tanto miedo que temes compartir libremente tus puntos de vista y opiniones sobre cualquier cosa. ¿Tienes miedo y te retraes en tu relación?

Tienes miedo de la reacción emocional de tu pareja porque sabes que cualquier cosa que digas puede ser ignorada o rechazada. Una persona toma todas las decisiones y la otra simplemente cede. La relación no está basada en la igualdad, ya que uno tiene todo el poder y el otro no.

2.   Denigrante

En este tipo de relación, el individuo tóxico siempre te desprecia y se burla de todo lo que haces. Todo lo que dices y haces es estúpido y tonto. La persona no dudará en menospreciarte y denigrarte frente a tu familia, amigos y en público.

Incluso cuando les has pedido que deje de comportarse de esa manera, lo continúa haciendo y a menudo lo disfraza de varias formas. "¿Qué no puedes soportar una broma?" o "Solo estoy bromeando" son excusas comunes para disfrazar las cosas.

El problema es que no es una broma y no están solo bromeando. Quieren tener completo poder en la toma de decisiones y si toleras tal comportamiento el tiempo suficiente, perderás tu autoestima.

3. Mal carácter

Si has dejado de estar en desacuerdo o de discutir con tu pareja porque te preocupa su carácter explosivo, ese es un rasgo clásico del comportamiento de una persona tóxica. Quieren controlarte por medio de la intimidación.

Estos individuos tienen un temperamento impredecible y nunca sabes qué es lo que lo puede desencadenar.

Un aspecto sorprendente sobre los individuos que son emocionalmente abusivos es que nunca muestran este lado de sí mismos al mundo exterior. En la mayoría de los casos, se les ve muy tranquilos y agradables en público.

Si alguna vez los confrontas por su mal carácter, pueden culparte a ti por el arrebato. Siempre es tu culpa que ellos estén enojados y tú eres la razón por la que se alteran y gritan. Reniegan cualquier responsabilidad de su parte.

4.   Inductora de culpa

Una relación tóxica no ocurre solamente entre dos individuos en una relación romántica: también puede darse entre miembros de la familia y amigos. El control en tales relaciones se ejerce mediante la inducción de la culpa. Te hacen sentir culpable cada vez que haces algo que el inductor de la culpa desaprueba.

El aspecto más interesante sobre estas personas es que pueden usar a otros para transmitirte su dolor o sensación de desilusión. En una familia, la madre puede utilizar al padre para expresar su decepción por el hijo o la hija.

Te mantienen bajo control no solo induciendo la culpa sino también removiéndola temporalmente si haces lo que ellos quieren que hagas.

Cualquier persona a quien se le suele culpar por ciertas cosas quiere que esta culpa sea eliminada, y eso le da al inductor un poder y control absolutos.

5. Evasiva y exagerada

Si alguna vez has tratado de decirle a tu pareja que te sientes herida e infeliz por lo que te dijo o te hizo, pero te encuentras a ti mismo cuidando de su tristeza y dolor, es posible que estés lidiando con una persona exagerada y tóxica.

En lugar de obtener consuelo de su parte, eres tú quien siempre los está consolando. Te sientes mal porque te han hecho sentir que eres egoísta y que tu comportamiento ha molestado a tu pareja.

6. Pareja dependiente y controlador independiente

Un método de control tóxico es que tu pareja sea tan pasiva al punto de preferir que todas las decisiones sean tomadas por ti. De esta manera, eres tú quien puede ser señalado como el responsable de todo. La pasividad es una forma muy poderosa de control.

Si estás en una relación con una pareja demasiado dependiente, puedes experimentar fatiga y ansiedad al estar constantemente preocupado de no tomar una decisión equivocada. Terminarás emocionalmente agotado porque está en ti tomar todas las decisiones en tu relación.

Tales individuos disfrazan su comportamiento tóxico afirmando su independencia.

Rara vez mantienen sus compromisos y te controlan manteniéndote a la expectativa sobre lo que pueden hacer. La ansiedad que sientes en tales relaciones puede afectar tu salud física y mental.

Como su comportamiento es completamente impredecible, nunca logras sentirte seguro en tu relación con esta persona. No sabes si la relación es una prioridad para ella y si está emocionalmente conectada contigo.

7.   Consumidora y de naturaleza posesiva

Cuando comienzas una relación con un consumidor, la persona puede parecer amable y cortés la mayor parte del tiempo. Y mientras consiguen lo que quieren, seguirán siendo así.

En tal relación, siempre se te hace sentir que no has hecho lo suficiente por tu pareja. A medida que tratas constantemente de hacer más, te ves drenado de toda tu energía.

Si estás en una relación con un individuo que es posesivo, entonces en definitiva son malas noticias. Estos individuos no solo son celosos, sino también demasiado controladores. Con el paso del tiempo se vuelven cada vez más desconfiados y pueden empezar a interrogarte por todo lo que haces, lo cual puede hacer que tu vida sea miserable.

Puede que no te permitan tener ninguna otra relación significativa con alguien, incluyendo a tu familia y amigos. Puede que dejes de tener una vida propia porque todo lo que haces es visto con sospecha.

Las relaciones tóxicas no se limitan a tu pareja.

Puedes tener una relación tóxica con un familiar, amigo, colega o jefe. La otra cosa importante que necesitas recordar es que estas relaciones no son específicas de un género. El individuo tóxico puede ser tanto un hombre como una mujer.

La mayoría de las personas que están en una relación tóxica pasan por una montaña rusa emocional. Nunca sabes cuándo todo estará bien, y cuando empezará a estar mal. Hay mucha incertidumbre asociada con estas relaciones.

Cuando estás en una relación tóxica que no ha sido problematizada, la situación puede desgastar gradualmente tu cuerpo y causar mucho estrés emocional. Te sorprenderá saber que tu salud emocional puede tener un gran efecto en tu cuerpo físico.

Una relación tóxica puede hacer que te sientas crónicamente enojado, frustrado, asustado y cansado. Recuerda que cualquier tipo de relación abusiva puede ser considerada tóxica. Las luchas de poder son comunes en una relación así, ya que un individuo siempre quiere tener la ventaja y dominar todos los aspectos sin que la otra persona tenga voz ni voto.

Incluso cuando pasas tiempo con ese ser querido te sientes solo. Es como si te sintieras atrapado en su presencia. En un intento de complacer constantemente a tu pareja, has perdido a tu verdadero yo. Ya no eres la persona que solías ser.

Capítulo 3: Relaciones tóxicas en la familia

Las familias tóxicas son un hecho triste, pero un hecho al fin y al cabo. Los miembros negativos de la familia pueden causar mucho estrés y pueden tener un efecto adverso en tu salud y bienestar. La crítica, la manipulación, los celos, la envidia, la codependencia y otros rasgos negativos no solo te agotan emocionalmente, sino que también te hacen sentirte mal contigo mismo.

Señales de que estás tratando con miembros tóxicos en tu familia

La mayoría de nosotros no estamos seguros de si estamos tratando con un miembro tóxico en nuestra familia. Creemos que todo está en nuestra cabeza y que estamos exagerando ante sus acciones. Debido a esto, tendemos a ignorar las cosas y no reaccionamos hasta que la ansiedad y el estrés de lidiar con ellas empiezan a afectar nuestra salud directamente.

1. Sentirte enojado, triste y deprimido a su alrededor

No importa lo que digas o hagas, siempre dicen y hacen cosas que te hacen sentir mal contigo mismo. Cada vez que dices que no a algo que ellos quieren que hagas, te hacen sentir culpable.

Muchas veces hacen comentarios que pueden no atacarte directamente, pero que son dichos específicamente para hacerte sentir mal. Siempre se les ocurren maneras de hacer que te sientas avergonzado, culpable, herido y resentido.

Puedes estar tan estresado, que el solo hecho de pensar en interactuar con estos individuos hace que te sientas enojado y que comiences a evitarlos.

2. Estado constante de atención a sus necesidades

Todos nosotros somos perfectamente capaces de atender nuestras necesidades individuales. Si un miembro de la familia tiene un estado de necesidad constante y quiere que tú te ocupes de todas ellas, esto puede llevar a una situación en la que pierdas tu individualidad.

Cuando te ves obligado a tratar a un adulto como a un niño y a ocuparte de todos sus problemas, es una señal de que estás tratando con un miembro tóxico de la familia que no quiere asumir ninguna responsabilidad.

3.   Sentirte agotado

Cuando estás rodeado de tus seres queridos, lo común es que te sientas feliz y enérgico porque te hacen sentir muy bien contigo mismo. Pero cuando estás tratando con miembros tóxicos en tu familia, puedes sentirte agotado y drenado. Tu nivel de energía está bajo y no tienes ganas de hacer nada.

4.   Sentirte anestesiado y triste

Te debes sentir vivo y feliz cuando estás cerca de la gente que amas. Si te sientes triste y anestesiado y simplemente haces lo que tienes que hacer cuando estás con dicho miembro de tu familia, ese es un indicio de que estás en una relación que no es saludable.

Estás emocionalmente agotado y haces cosas que estás obligado a hacer sin sentirte feliz. Por lo general, es una señal de que ese miembro de tu familia te está controlando. Apagas tus emociones y haces cosas para no molestar a nadie.

5. Incapaz de expresarte a ti mismo

Cuando eres incapaz de expresar tus pensamientos y sentimientos libremente a un miembro de la familia porque tienes que tener cuidado con lo que les puedes decir, esa es una señal de una relación tóxica. Es como si necesitaras medir y tener cuidado con cada palabra que dices.

6. Ellos controlan la relación

Todas las relaciones deben basarse en el respeto mutuo y el amor.

Las relaciones que están en igualdad de condiciones tienden a prosperar y son exitosas. Cuando una persona controla todos los aspectos de la relación, esta no es saludable y está condenada al fracaso.

Ellos deciden lo que tú necesitas hacer, decir y con quién puedes interactuar. Cuando una persona tiene la voz y el voto todo el tiempo, empiezas a sentirte resentido.

7. Sentirte completamente diferente a su alrededor

Cuando sientes que no puedes ser tú mismo cuando estás cerca de un miembro de tu familia y necesitas restringir tu comportamiento normal, esa es una señal de una relación poco saludable. Te comportas de manera completamente diferente cuando estás cerca de ellos.

Si el comportamiento tóxico de un miembro de la familia se vuelve físico, debe ser tratado inmediatamente. Aunque es difícil, es necesario tomar medidas contra este tipo de comportamiento, ya que puede ser peligroso si no se controla.

La mayoría de las personas que sufren de una relación familiar tóxica tienen dificultades para mantener una relación normal. Como su autoestima ya es baja, tienen miedo de comprometerse en una relación sana.

Cómo lidiar con los miembros tóxicos en tu familia

Puede ser fácil deshacerse de un amigo, colega o jefe tóxico, pero ¿cómo deshacerse de un familiar? Los miembros tóxicos de la familia pueden incluir a los padres, hermanos y otros parientes. Poner fin a una relación familiar no es fácil.

Evita tomar decisiones impulsivas y precipitadas de las que puedas arrepentirte más tarde. Esto puede aumentar tu culpa y hacer más fácil que el individuo tóxico te manipule para obtener sus ganancias.

Si el solo hecho de pensar en el miembro de la familia te hace sentir enfermo y enojado, es una gran pista de que la relación se ha vuelto nociva.

Evalúa tu relación

Tómate un tiempo para pensar. Si has decidido poner fin a una relación familiar inmediatamente después de una pelea importante, una discusión acalorada o demasiados comentarios críticos, primero necesitas calmarte. Respira hondo y evalúa la relación.

¿Es la relación realmente importante para ti? ¿Cómo se verán afectadas las otras relaciones familiares si decides ponerle fin a esta? ¿Existe algún aspecto positivo asociado con esta relación?

¿Cuánto tiempo llevas sufriendo en silencio?

• **Abuso:** Si has estado sufriendo de cualquier tipo de abuso verbal, emocional y físico, puede que sea momento de dar la relación por terminada. No tienes que preocuparte por las posibles consecuencias, pues tu seguridad es ahora lo más importante. El abuso físico nunca debe ser tolerado ya que puede causar lesiones graves a tu cuerpo.

• **Afecta otras áreas de tu vida:** ¿La situación negativa está teniendo un efecto adverso en otras áreas de tu vida? ¿Afecta tu sueño, tu desempeño en el trabajo y tu relación personal con los demás? Si has respondido "Sí", entonces tienes que poner distancia.

• **Solo interacciones negativas**: Todas las relaciones pasan por altibajos, pero si la tuya es solo negativa, necesitas examinarla de cerca. ¿Tus padres solo te critican? ¿Tus hermanos empiezan una discusión cada vez que estás en su presencia? ¿Pelean y discuten constantemente por asuntos insignificantes?

Si no hay nada positivo que puedas rescatar de tu familiar tóxico, necesitas decidir si realmente lo necesitas en tu vida.

Si tenerlos o no cerca en realidad no te importa, entonces es hora de que superes esto lo más rápido posible.

• **Unilateral**: Las relaciones saludables se basan en el dar y recibir. Si el miembro tóxico de tu familia nunca responde recíprocamente a tu amor y compasión y solo trata de obtener una ventaja sobre ti mediante la manipulación de tus sentimientos, es hora de tomar cartas en el asunto. Una relación que es unilateral no tiene futuro.

Examina tus propias acciones

Aunque puede que la otra persona sea el problema, también necesitas examinar tus propias acciones. Esto puede permitirte tener más claridad y ser capaz de ver las cosas desde una nueva perspectiva.

Si has sufrido en una relación familiar no saludable, entonces las relaciones tóxicas pueden parecer normales y ahí radica el problema.

Cuando comienzas a ver las cosas de una manera diferente, puedes ser capaz de discutir los asuntos abiertamente con tu familiar y tal vez salvar la situación. Si todavía no hay mejoría en su comportamiento, necesitas pensar cómo vas a lidiar con esta relación.

Distánciate y haz el corte

Si es posible, toma distancia de tu familiar tóxico. Limita tus interacciones con ellos para que no puedan manipularte de ninguna manera. Aunque todos nosotros queremos mantener relaciones cordiales con los miembros de nuestra familia, no siempre es posible hacerlo.

Si a pesar de tus mejores esfuerzos, la relación con el miembro de tu familia sigue empeorando, debes tomar la difícil decisión de separarlos completamente de tu vida. La familia es importante, pero no debe ser a costa de tu propio bienestar físico y emocional.

Limita los daños colaterales

Lo peligroso de tratar con miembros tóxicos de la familia es que cuando se rompen todos los lazos con un miembro, esto también puede afectar a otros. Es posible que te señalen como el culpable y el responsable de la ruptura de una familia amorosa. Prepárate para perder otras relaciones también.

Antes de que decidas tratar el problema con un miembro tóxico de tu familia, es mejor que hables con otros parientes para que estén al tanto de la situación. Esto puede ayudar a limitar el daño colateral.

Establecer límites puede ser difícil, pero no debes perder de vista que lo haces por tu propio bien.

Sé cordial

Aunque puede que quieras evitar cualquier tipo de contacto con tu familiar tóxico, es probable que te encuentres con ellos en distintas reuniones familiares. Sé cordial para evitar situaciones difíciles. Tener un buen sistema de apoyo puede hacer todo esto más fácil.

Ten siempre en cuenta que combatir el odio y la ira con odio puede complicar aún más las cosas. Cuando te aferras a los rencores, es posible que no puedas recuperarte del dolor que sufriste. Perdona y sigue adelante.

Cuando terminas una relación con un miembro tóxico de tu familia, la situación puede causar muchos trastornos emocionales. Es normal sentir culpa, enojo, resentimiento y soledad. Tienes que aceptar que va a ser difícil. Pero recuerda ante todo que tú también necesitas ser feliz.

CAPÍTULO 4: RELACIONES TÓXICAS EN EL TRABAJO

La mayoría de nosotros comenzamos nuestras carreras sintiéndonos emocionados y ansiosos por poder utilizar nuestras habilidades profesionistas en un ambiente amigable. ¿Cómo te explicas que terminemos siendo cínicos y estando deprimidos y estresados? ¿Por qué estamos de mal humor tan a menudo? ¿Por qué desconfiamos y tememos a nuestros colegas y a nuestro jefe? La respuesta a todas estas preguntas es que tu lugar de trabajo es tóxico.

Todos nosotros necesitamos tener un equilibrio entre el trabajo y la vida privada y si tu lugar de trabajo te hace sentir culpable por tener una vida, necesitas salir de un ambiente tan tóxico. Esto puede ser peligroso para tu salud emocional y mental.

4.   Mala comunicación

La falta de comunicación o la mala comunicación es a menudo una señal que revela que el lugar de trabajo es tóxico. Si hay un problema de comunicación significativo en varias áreas como en la relación entre el empleador y los empleados, la gerencia y los empleados, la gerencia y los diferentes departamentos e incluso los clientes y proveedores, esa es una señal de un lugar de trabajo disfuncional.

Nunca te mantienes al tanto de lo que sucede o no sabes lo que está pasando en tu trabajo. Si la única retroalimentación que recibes de tu empleador es negativa, independientemente de lo que hayas hecho, entonces estás trabajando en un ambiente que es tóxico.

5.   Líderes inmaduros

Los lugares de trabajo tóxicos se caracterizan a menudo por tener líderes disfuncionales e inmaduros. Estos líderes son muy agresivos, intimidantes y hasta abusivos, ya que quieren infundir miedo en los demás.

No están dispuestos a escuchar a los demás y tienen metas y expectativas poco razonables. Los líderes inmaduros son fríos y emocionalmente distantes. Son hipócritas y no cumplen con lo que ellos mismos predican.

6.   Relaciones disfuncionales

Las diversas dinámicas disfuncionales en el lugar de trabajo incluyen el favoritismo, la difamación, la comunicación deshonesta, el guardar rencores por mucho tiempo, y el enfrentar a los miembros del equipo entre sí. En vez de promover el trabajo en equipo y la unidad, un lugar de trabajo tóxico tiene una camarilla de personas con información privilegiada y otra de forasteros.

7.   Culpar a otros

Los errores siempre son atribuidos a otros. Los empleados son constantemente menospreciados. Incluso los empleados de alto rendimiento son criticados por su incompetencia. Los bravucones son tolerados y admirados. Es posible que todo el departamento se sienta intimidado por los intimidadores y que la dirección carezca de experiencia sobre cómo manejar esta situación.

Cómo sobrellevar un ambiente de trabajo tóxico

Al igual que la vida, el trabajo también tiene sus altibajos. La atmósfera en el lugar de trabajo puede afectar tu vida en más de una manera y si no tienes cuidado, pronto podrías sentirte física y emocionalmente enfermo antes de ir a trabajar.

Las personas negativas en el lugar de trabajo pueden afectar tu salud y cordura.

Y como son parte de tu rutina diaria en el trabajo, es probable que no puedas evitarlas por completo. La mayoría de las personas se desmoralizan y pierden su pasión por el trabajo cuando permanecen mucho tiempo en un ambiente de trabajo tóxico.

Si tu trabajo te está causando un estrés físico y emocional grave, debes salirte de él lo antes posible. Pero si decides quedarte, hay varias maneras de lidiar con tus colegas, jefes y gerentes tóxicos.

Toma distancia.

Tal vez poner una distancia física con un individuo tóxico en un lugar de trabajo no sea posible, pues compartes el mismo espacio de trabajo. Aunque esta opción no esté disponible, siempre puedes distanciarte emocional y mentalmente de la influencia de los individuos tóxicos.

Establece límites y comunícalos claramente a las personas que trabajan contigo. Si el individuo tóxico cruza los límites puestos por ti y se comporta de una manera inapropiada, puedes presentar una queja a tu gerente o jefe.

Si tienes problemas con tu jefe o gerente, necesitas hablar con ellos para resolver los problemas difíciles. Sea lo que sea, debes recordar que no es tu culpa.

Mantente positivo

Una de las maneras más efectivas de hacerle frente a un ambiente de trabajo tóxico es mantenerte positivo en todo momento. Aunque esto es más fácil de decir que de hacer, es probable que puedas contrarrestar la negatividad al ser positivo.

Toma la decisión consciente de mantenerte positivo incluso cuando te enfrentes a situaciones difíciles. Pasa más tiempo con colegas y compañeros de trabajo que sean constructivos y felices. Esta puede ser una manera simple pero efectiva de contrarrestar el comportamiento tóxico en el lugar de trabajo.

Aclara los malentendidos

No dejes que los problemas se agraven.

Aclara cualquier malentendido que puedas tener con tu colega o gerente de inmediato y de manera profesional. La mayoría de los problemas en el lugar de trabajo se deben a la falta de comunicación.

Si no abordas de inmediato cualquier problema que pueda haber surgido en el lugar de trabajo y dejas que se enconen, es posible que pronto se te salga de las manos.

Esto puede contribuir a un ambiente de trabajo tóxico ya prevaleciente y empeorar aún más las cosas.

Evita el drama y los chismes, ya que contribuyen enormemente a los malentendidos en el lugar de trabajo. Es aconsejable centrarse en los hechos y no en los chismes.

Protégete

Si quieres sobrevivir a un lugar de trabajo tóxico, necesitas protegerte. Los constantes comentarios crueles y negativos pueden tener un efecto emocional en cualquier persona y tú no serás la excepción. Habla con colegas en los que puedas confiar, ya que esto puede alivianar la situación.

Familiarízate con todas las políticas y documenta todo.

Esto puede ofrecer algún tipo de defensa contra los gerentes y personas que tengan la intención de dejarte mal.

Sé asertivo

Si quieres mantener tu cordura en el lugar de trabajo, tendrás que ser asertivo.

De ser necesario, tal vez tengas que confrontar a la persona que te está causando el malestar. Aunque las confrontaciones no son fáciles, en ocasiones son necesarias si el comportamiento abusivo en el lugar de trabajo no cesa.

Cuando sufres en silencio, alientas a la persona que está teniendo un comportamiento manipulador y abusivo. La mayoría de los individuos tóxicos son cobardes que tienden a retroceder cuando son confrontados.

Si sientes que tus técnicas para sobrellevar la situación no te están llevando a ninguna parte y el ambiente de trabajo se ha vuelto insoportable, es mejor dejarlo por completo. Esta es la decisión correcta, especialmente si te está haciendo mal. Cuando trabajas en un lugar de trabajo tóxico por mucho tiempo, puedes empezar a aceptar este tipo de comportamiento como algo normal.

Una de las cosas que debes tener en cuenta es que no puedes controlar lo que la gente dice y hace, pero sí puedes controlar lo que tú dices y haces. Cuando estás en completo control de tus emociones, serás capaz de lidiar mejor con un ambiente de trabajo tóxico.

Si nada cambia en tu lugar de trabajo, incluso después de haber probado todas las técnicas para sobrellevar la situación, es necesario que te alejes con la cabeza bien alta. Es importante que detengas el daño antes de que comience a afectar tu capacidad y autoestima.

Cuando caes en cuenta de que hay personas atrapadas en situaciones nocivas, es probable que no puedas entender cómo cayeron presas de ese círculo vicioso. El hecho es que la mayoría de las personas en tales situaciones son ciegas ante la realidad y a menudo viven con la esperanza de que las cosas sí puedan mejorar.

CAPÍTULO 5: TÉCNICAS INTELIGENTES PARA LIDIAR CON PERSONAS TÓXICAS

Las personas tóxicas tienden a desafiar la lógica y por lo general son felizmente inconscientes del impacto negativo que tienen sobre los demás. Ellos obtienen la máxima satisfacción al presionar los botones correctos en las otras personas y así crear el caos. Incluso cuando se acercan con señales de advertencia en la frente, pueden ser difíciles de evitar porque son personas que amas y por las que te preocupas.

Una de las mejores maneras de lidiar con las personas tóxicas es controlar tus emociones y mantener la calma bajo presión. Si quieres tratar eficazmente con estas personas, necesitas un enfoque que te permita controlar las cosas que puedes y descartar las que no.

1. Ignora a los que solo buscan llamar la atención

Las personas tóxicas buscan atención a toda costa. Incluso cuando es tu día especial (cumpleaños, aniversario o promoción), estas personas se esforzarán por hacer que la situación sea sobre ellas. Por lo general, pueden comenzar con pequeñas acciones, como interrumpir a los demás cuando hablan contigo o hablar en voz alta y de forma ofensiva.

Cuando no reciben la atención que anhelan por sus acciones, pueden volverse más drásticos. Pueden empezar a hacer berrinches o a discutir y actuar de manera destructiva. Las cosas pueden volverse realmente feas cuando tratan de hacerte daño.

El mejor curso de acción es mantener la calma y prestar poca o ninguna atención a la gente alborotadora.

Cuando ignoras el tiempo suficiente a los que solo buscan atención, es probable que reciban el mensaje de que no van a obtener la atención que anhelan y eventualmente pueden dejar de comportarse así.

2.   Fija límites

La gente negativa se revuelca en la lástima por sí misma y quiere que la gente se una y se sienta triste por ellos. Esto les hace sentirse mejor consigo mismos. La mayoría de nosotros sentimos la presión de escuchar a los que se quejan porque no queremos que se nos perciba como groseros.

Necesitas recordar que es una delgada línea la que separa el prestar un oído comprensivo del ser succionado hacia la negatividad.

Evita esto estableciendo límites y tomando distancia de las personas negativas.

Una manera sencilla de lidiar con las personas que se quejan constantemente es preguntarles cómo van a encontrar una solución a sus problemas. Cuando comienzas a enfocarte en la solución en lugar del problema, esta gente puede cambiar el tema de la conversación o calmarse.

Establece los límites de manera consciente y proactiva, porque esto asegurará que tú tengas el control de la situación. Y cuando tienes el control, el comportamiento de las personas tóxicas es mucho más fácil de predecir y entender.

3.   Evita a las personas manipuladoras

La gente manipuladora puede arruinar tu vida. Pueden manipular tus sentimientos y hacer que tú digas y hagas cosas que promuevan sus propias metas individuales.

Pueden volverte loco porque su comportamiento es irracional. Si quieres evitar a estas personas, primero debes reconocer las señales de manipulación.

¿Sientes emociones inestables y fuertes como ira, resentimiento, irritación y tristeza cuando esta persona está presente? ¿Sientes la necesidad de explicarles todo? ¿Te hacen sentir inferior en todo lo que haces?

La mayoría de las personas manipuladoras lo hacen de una manera tan sutil que difícilmente reconocerás que has sido manipulado en contra de tu propia voluntad. Recuerda que no necesitas justificar, explicar y poner excusas para complacer a nadie.

Sé compasivo, comprensivo, respetuoso y amable contigo mismo. Rechaza el comportamiento y las peticiones que te están convirtiendo en algo que no eres.

Si encuentras que alguien está jugando con tus emociones, es mejor evitar a esa persona.

4.   Enfréntate a los bravucones

Esta es una de las maneras más efectivas de tratar con personas tóxicas. Enfréntate a los bravucones, independientemente de quiénes sean.

Pueden ser un miembro de tu familia, un colega, un jefe o tu pareja misma. La intimidación puede ser tanto emocional como física.

Los individuos tóxicos tienden a aprovecharse de aquellos que consideran débiles y vulnerables. Se aprovechan de cualquier persona que creen que no puede hacer frente a su intimidación.

Es importante que te enfrentes a estos bravucones no solo por ti mismo, sino también por los demás.

Cuando te enfrentas a un bravucón, se ven obligados a cambiar su comportamiento cuando caen en la cuenta de que ya no se saldrán con la suya.

5.   Sé consciente de tus emociones

Si eres consciente de tus emociones, es más probable que puedas mantener distancia del individuo tóxico.

Pero si no eres consciente de lo que está sucediendo, es posible que no puedas ponerle fin.

Las personas tóxicas a menudo se muestran indefensas para poder manipular tus emociones. Tienes que decidir que no serás otra víctima. Recuerda que lidiar con estas personas requiere mucha energía y fuerza de voluntad.

6. Entiende el ciclo y el patrón del comportamiento tóxico

Las personas tóxicas tienden a seguir un patrón y ciclo particular al tratar con otros. Inicialmente son encantadores, atentos, impresionantes y amorosos, y esto se hace para ganar tu amor y confianza. Cuando ellos se dan cuenta de tus fortalezas y debilidades, empiezan a manipularte según sus propias necesidades.

Hacen que te sientas atrapado y que nunca estés seguro de si ceder a sus demandas o resistirte. Puede que te sientas comprometido a hacer lo que ellos quieren. El problema es que una vez que te rindes, nunca se detiene.

Podrás romper este ciclo de comportamiento solo cuando te vuelvas consciente de él.

Si empiezas a entender el patrón, serás capaz de construir límites que no te dejen ser engañado por ningún tipo de comportamiento.

7. No necesites de su aprobación

Nunca busques el aprecio o la aprobación de personas tóxicas. Tienes que recordar que su aprobación y aprecio vienen con condiciones, y puedes sentirte agotado cuando des todo y no recibas nada a cambio.

La mayoría de las personas tienden a ceder ante las personas tóxicas en su vida con la esperanza de que puedan recibir algo a cambio. Procura tejer una red de personas leales que sean dignas de tu confianza, de modo que no tengas que depender de las personas negativas para todo.

No permitas que nadie restrinja tu felicidad.

Necesitas ser el maestro de tu propia felicidad y celebrar lo que has logrado con éxito en la vida.

Aunque tampoco es realista ser feliz en todo momento en una relación, no tienes que justificar por qué ya no eres feliz. Recuerda que puede que no seas tú el problema, y que la felicidad debe ser un sentimiento mutuo.

Si quieres lidiar exitosamente con las personas tóxicas, debes identificar las debilidades de tu enfoque. Tal vez tengas que recurrir a tu sistema de apoyo, de modo que puedas obtener una perspectiva diferente sobre los desafíos a los que te vas a enfrentar cuando trates con tales personas.

Pide ayuda cuando la necesites. Identifica a las personas que pueden ayudarte y obtén una nueva perspectiva.

Tu sistema de apoyo puede ser capaz de ver una solución que a lo mejor tú no ves, ya que no están emocionalmente involucrados con el individuo tóxico.

Algo que siempre arroja esperanza sobre las relaciones tóxicas es que las personas pueden cambiar. Hay algunas relaciones que pueden ser reparadas si el individuo ha presentado un comportamiento negativo debido a una enfermedad física o mental. En tales situaciones, necesitas encontrar la fuerza para aferrarte y esforzarte por mantener las cosas intactas.

Necesitas entender que tal vez tú mismo seas un factor que contribuye al comportamiento tóxico de la otra persona. Pregúntate qué es lo que hay que cambiar y luego haz el cambio. Recuerda que las personas no nacen tóxicas y normalmente son las circunstancias y el medio lo que las hace ser quienes son. Trata de ver lo bueno en una persona que se comporta negativamente.

Céntrate en las características positivas del individuo en lugar de centrarte en los aspectos negativos. Aunque es difícil hacer esto cuando te sientes herido y enojado, es recomendable que hagas el esfuerzo si valoras la relación.

Cuando has invertido mucho tiempo y esfuerzo en una relación, tal vez no estés dispuesto a aceptar que te encuentras en una relación tóxica. La aceptación es realmente importante para iniciar el proceso de curación. A menos que aceptes la realidad, es posible que no puedas cambiarte ni a ti mismo ni a la persona que se comporta de manera negativa.

Las relaciones en la vida real no son un cuento de hadas. Cuesta mucho trabajo mantenerlas fuertes.

Capítulo 6: Estrategias para tratar con personas tóxicas

Sobrevivir a los altibajos de vivir con un individuo tóxico puede ser todo un reto. Una de las cosas importantes que debes recordar es que puede que estas personas estén pasando por un momento difícil. Pueden estar crónicamente preocupados, enfermos o sin apoyo emocional.

Sin importar las razones de su comportamiento, tratar con gente negativa nunca es fácil. A medida que los individuos tóxicos te manipulan e intimidan, infligiendo abuso y miseria a su paso, puede tomar un poco de esfuerzo recuperar tu autoestima y la confianza en ti mismo.

1.   Deja de pretender que el comportamiento tóxico es aceptable

Si no tienes cuidado, los individuos tóxicos pueden hacer uso de su naturaleza manipuladora para obtener tratamiento preferencial. La mayoría de nosotros pensamos que es mucho más fácil ceder a sus demandas que escucharles quejarse. Necesitas entender que estas personas se aprovechan de la energía de los demás.

Suelen ser tan discretos en lo que hacen que nunca los atrapan. Incluso cuando eres capaz de identificar el patrón de su comportamiento tóxico, ellos saben exactamente qué decir y qué hacer para tratar de salir de la situación.

Si te encuentras poniéndole excusas a su comportamiento o buscando la razón de sus acciones, eso significa que ellos tienen control total sobre tus emociones. Esto crea un ciclo en el que estás cediendo constantemente a sus demandas.

Tal vez pienses que estás saliendo de un problema circunstancial, pero el hecho es que estás creando otro al largo plazo. Cuando aprenden a manipular tus sentimientos, hacen uso de esta información para que tú hagas lo que ellos quieren.

Los individuos tóxicos no podrán cambiar su comportamiento si sigues recompensándolos por no cambiar. Necesitas decidir que no serás influenciado por su comportamiento. La negatividad y el drama constante no es algo que tengas que aguantar. Toma una posición y deja de pretender que aceptarás un comportamiento tóxico.

2. Sigue adelante y elimina a las personas tóxicas de tu vida

Si una persona cercana a ti insiste deliberadamente en destruir tu estado emocional, necesitas entender que esa es una persona tóxica. ¿Estás sufriendo por su actitud? ¿Tu compasión y paciencia solo parecen agravar la situación? Tienes que preguntarte: "¿Necesito a este individuo en mi vida?"

Aunque puede que te preocupes por el individuo, necesitas decidir si en verdad lo necesitas en tu vida. Cuando eliminas a las personas tóxicas de tu entorno, es posible que puedas recuperar el control de tu vida. Si te es posible, necesitas seguir adelante sin ellos. Está en ti decidir que ya es suficiente y que es momento de ser fuerte.

Una relación saludable es recíproca porque implica dar y recibir, pero cuando te ves atrapado en una relación tóxica, solo das y das a cambio de dolor y angustia. Ninguna relación sana puede sobrevivir en un escenario así.

Si dejas ir a las personas tóxicas de tu vida, esto no significa que las odies o que les desees algún tipo de daño. Solo significa que cuidas tu salud y bienestar y que quieres ser feliz.

3.   Defiéndete

Los individuos tóxicos hacen cualquier cosa para su propio beneficio personal.

Te menospreciarán y te intimidarán, te harán sentir culpable y te causarán enojo y resentimiento. No aceptes tal comportamiento.

Puede que te sorprenda saber que la mayoría de las personas tóxicas son conscientes de que lo que están haciendo está mal, pero como siempre parecen salirse con la suya, siguen repitiendo ese comportamiento. A medida que van ganando terreno en las situaciones que ellos mismos crean, siguen causando problemas.

Cuando uno enfrenta a estas personas, retroceden. Y cuando levantas tu voz, se quedan callados. Los individuos tóxicos a menudo usan el enojo como una herramienta para influenciar e intimidarte. Pueden evitar responderte cuando te comunicas con ellos o empezar a hablar negativamente de alguien a quien amas.

Es importante que confrontes a estas personas cuando inciden en el comportamiento negativo. Puede que al principio se sorprendan cuando levantes la voz y respondan de una manera agresiva, pero es importante que te enfrentes a ellos.

Si empiezas a desafiar su comportamiento, tal vez se den cuenta del impacto negativo que están teniendo en tus emociones y en tu vida. Sé directo, ya que esto puede abrir una puerta de oportunidad para que comprendan la gravedad del problema.

Incluso cuando nieguen su responsabilidad en el problema, puedes estar tranquilo de haber logrado que se den cuenta de su error. La mayoría de la gente no puede estar en negación para siempre y eventualmente tendrán que aceptar su comportamiento y hacer enmiendas. Hay algunos individuos que tal vez nunca acepten que están equivocados, y es inútil gastar tiempo y esfuerzo en ellos.

Cuando un individuo no cambia aún después de que lo confrontas, es mejor eliminarlo de tu vida si te es posible. Si no lo puedes hacer, restringe entonces el tiempo que pasas con ellos.

4.   Encuentra la fuerza para defenderte

Tu dignidad y autoestima pueden ser atacadas y tal vez hasta seas objeto de burla, pero debes recordar que nadie puede aclamar victoria sobre ti a menos que te rindas voluntariamente. Necesitas encontrar tu fuerza interior para defenderte.

Tienes que demostrar que nadie te puede menospreciar ni intimidar. Da un mensaje claro de que ya no estás dispuesto a participar en sus juegos mentales. Cuando no cedes al comportamiento abusivo de la persona y demuestras que estás dispuesto a ponerte de pie y defenderte, es probable que el individuo tóxico se eche para atrás.

Las personas negativas solo atacan a aquellos que sienten que están indefensos. Cuando cedes constantemente a sus manipulaciones, les das el poder de tener el control sobre tu vida.

Cuando empiezas a poner límites y haces un esfuerzo por defenderte, recuperas la confianza y la autoestima que se te estaba escapando.

No permitas que nadie te juzgue o critique por tu apariencia y comportamiento. Nunca cambies solo porque tu pareja te diga que tienes que hacerlo, porque esto puede arruinar tu confianza en ti mismo. La mayoría de las personas negativas usan todos sus encantos para que hagas las cosas que ellos quieren, y necesitarás mucha fuerza interior para decirles que no.

5.   Practica la compasión

¿Tiene sentido intentar ser comprensivo con los individuos tóxicos?

La respuesta a esta pregunta es un rotundo "SÍ". Aunque puede ser difícil mostrar compasión y amor a las personas con las que estás enojado, es buena idea que lo intentes a hacer.

Las personas que inciden en comportamientos tóxicos no son necesariamente malas. Estos individuos pueden estar sufriendo de una enfermedad o pueden estar pasando por un momento difícil. Algunos individuos pueden estar genuinamente deprimidos o angustiados y estos problemas pueden estar incitándolos a comportarse de cierta manera.

Necesitas recordar que si justificas que alguien tenga un comportamiento tóxico porque está deprimido o sufre de una enfermedad, tal vez pueda empezar a utilizar esas circunstancias para su propio beneficio, a veces incluso sin pensarlo. Si quieres que la relación se salve, tienes que hacer un esfuerzo.

Sé compasivo con los individuos tóxicos, pero establece tus límites al mismo tiempo. Cuando sigues perdonándoles sus errores y les permites hacer lo que quieran, es posible que nunca seas capaz de lograr un cambio positivo en su naturaleza. Sé compasivo pero firme, y deja en claro que ya no tolerarás ningún tipo de comportamiento tóxico.

6. Tómate el tiempo de relajarte y recuperarte

Necesitas tomarte un tiempo para ti mismo cuando te ves forzado a trabajar o vivir con individuos tóxicos. Si no te tomas un tiempo para relajarte y recuperarte, el comportamiento tóxico puede afectar tu bienestar emocional y físico. No olvides que tu estado emocional y mental puede tener un gran efecto en tu cuerpo físico.

Duerme bien y habla con tus amigos.

Recuerda que necesitas ese tiempo para vivir de manera pacífica, lejos del comportamiento tóxico. Cuando te tomas un tiempo para ti mismo, es más fácil aprender a manejar las cosas de forma positiva. Esto generalmente tiene un gran efecto en tu individualidad, aunque no lo notes de inmediato.

7. No tomes el comportamiento tóxico de manera personal

Nunca pierdas de vista que el problema son ellos y no tú.

Los individuos negativos siempre pueden tratar de insinuar que eres tú quien ha hecho algo malo. Quieren que te sientas culpable porque eso les da el poder de intimidarte y manipularte según sus deseos.

Saben que cuando empezamos a sentirnos culpables, no culpamos a nadie más que a nosotros mismos por la situación. Pensamos que hemos hecho algo mal y esto puede tener un gran impacto en nuestra autoestima y confianza. No dejes que esto te suceda a ti.

Evita sentirte culpable por algo que no has hecho. No te dejes atrapar por la culpa al tomarlo todo personalmente. Cuando dejes de tomarte las cosas como algo personal, sentirás una gran sensación de libertad.

Los individuos tóxicos se comportan de manera negativa no solo contigo, sino también con los demás.

Incluso cuando la situación es personal y eres directamente menospreciado e insultado, debes recordar que tú no eres el responsable de la situación.

Lo que la gente negativa hace y dice no tiene nada que ver contigo. Cuando empieces a entender esto, podrás ver las cosas desde una nueva perspectiva. Eres capaz de detener el juego de la culpa y ganar control sobre tus emociones y tu vida.

Lo más importante que necesitas recordar cuando estás en una relación tóxica es que tienes el control de las cosas en un nivel mucho mayor del que crees.

Cuando empieces a implementar estas estrategias para lidiar con las personas tóxicas en tu vida, podrás entrenar lentamente a tu cerebro para manejar tales situaciones de una mejor manera.

Con el tiempo, te volverás más positivo y proactivo en tu enfoque. Perdona rápidamente, pero no olvides. Al perdonar, estarás dejando ir lo que te pasó y seguirás adelante. Esto no significa que le estés dando al individuo tóxico otra oportunidad. Una vez que perdonas, podrás dejar de sentirte culpable.

Cuando dejas ir las cosas, te aseguras de no estar siendo atrapado por los errores de los demás. Esta simple afirmación ayudará a protegerte de futuros daños. Cuando aprendes las habilidades para neutralizar el comportamiento tóxico en los individuos, serás el ganador.

No es fácil recoger los pedazos después de una relación tóxica, porque el dolor puede ser abrumador. Es posible que no puedas controlar todas las cosas que las relaciones tóxicas generan en ti, pero lo que sí puedes hacer es decidir que no serás un desastre emocional al largo plazo. Decide que no dejarás que las acciones de un individuo tóxico dicten tu vida.

En un mundo perfecto no tendríamos que lidiar con relaciones tóxicas, pero sabemos que la realidad no es así. Decide a quién acompañar y a quién dejar atrás. Esta es tu vida.

CONCLUSIÓN

¡Gracias de nuevo por tu atención!

Espero que esta guía te haya ayudado a comprender por qué es necesario que salgas de tu relación tóxica.

El siguiente paso es usar las técnicas y estrategias presentadas aquí para construir una vida más feliz.

¡Gracias y buena suerte!